Cementerios de dinosaurios en Oceanía

Grace Hansen

Abdo Kids Jumbo es una subdivisión de Abdo Kids
abdobooks.com

abdobooks.com

Published by Abdo Kids, a division of ABDO, P.O. Box 398166, Minneapolis, Minnesota 55439.

Printed in the United States of America, North Mankato, Minnesota.

052022

092022

Spanish Translator: Maria Puchol

Photo Credits: Alamy, Getty Images, iStock, Science Source, Shutterstock,
©London looks p16-17 / CC BY 2.0, ©Queensland Museum - Gary Cranitch p17, ©Masato Hattori p21

Production Contributors: Teddy Borth, Jennie Forsberg, Grace Hansen
Design Contributors: Candice Keimig, Pakou Moua

Library of Congress Control Number: 2021951631

Publisher's Cataloging-in-Publication Data

Names: Hansen, Grace, author.

Title: Cementerios de dinosaurios en Oceanía/ by Grace Hansen.

Other title: Dinosaur graveyards in Australia. Spanish

Description: Minneapolis, Minnesota: Abdo Kids, 2023. | Series: Cementerios de dinosaurios

Identifiers: ISBN 9781098263447 (lib.bdg.) | ISBN 9781098264000 (ebook)

Subjects: LCSH: Dinosaurs--Juvenile literature. | Fossils--Juvenile literature. | Paleontology--Australia--Juvenile literature. | Paleontology--Juvenile literature | Paleontological excavations--Juvenile literature. | Spanish language materials--Juvenile literature.

Classification: DDC 567--dc23

Contenido

Dinosaurios de Oceanía

Los dinosaurios vivieron hace aproximadamente entre 245 y 66 millones de años. Tras la muerte de un dinosaurio sus restos podían convertirse en fósiles. ¡En perfectas condiciones este proceso tarda más de 10 000 años!

Hay fósiles de dinosaurios en todos los continentes, incluida Oceanía. Se encuentran normalmente en **formaciones rocosas**. ¡Algunas formaciones conservan más fósiles que otras!

Asia
África
Oceanía
CM
IN

Formación Mackunda

En Queensland, Australia hay muchas formaciones. La formación Mackunda tiene uno de los dinosaurios más famosos de Australia.

Muttaburrasaurus

- Ornitópodo
- Principios del Cretácico
- Herbívoro
- Cresta grande e inflable en el hocico

Formación Winton

En la formación Winton se han hallado muchos fósiles únicos. Aquí se encontraron dos dinosaurios juntos. Se piensa que uno podría haber estado **cazando** al otro.

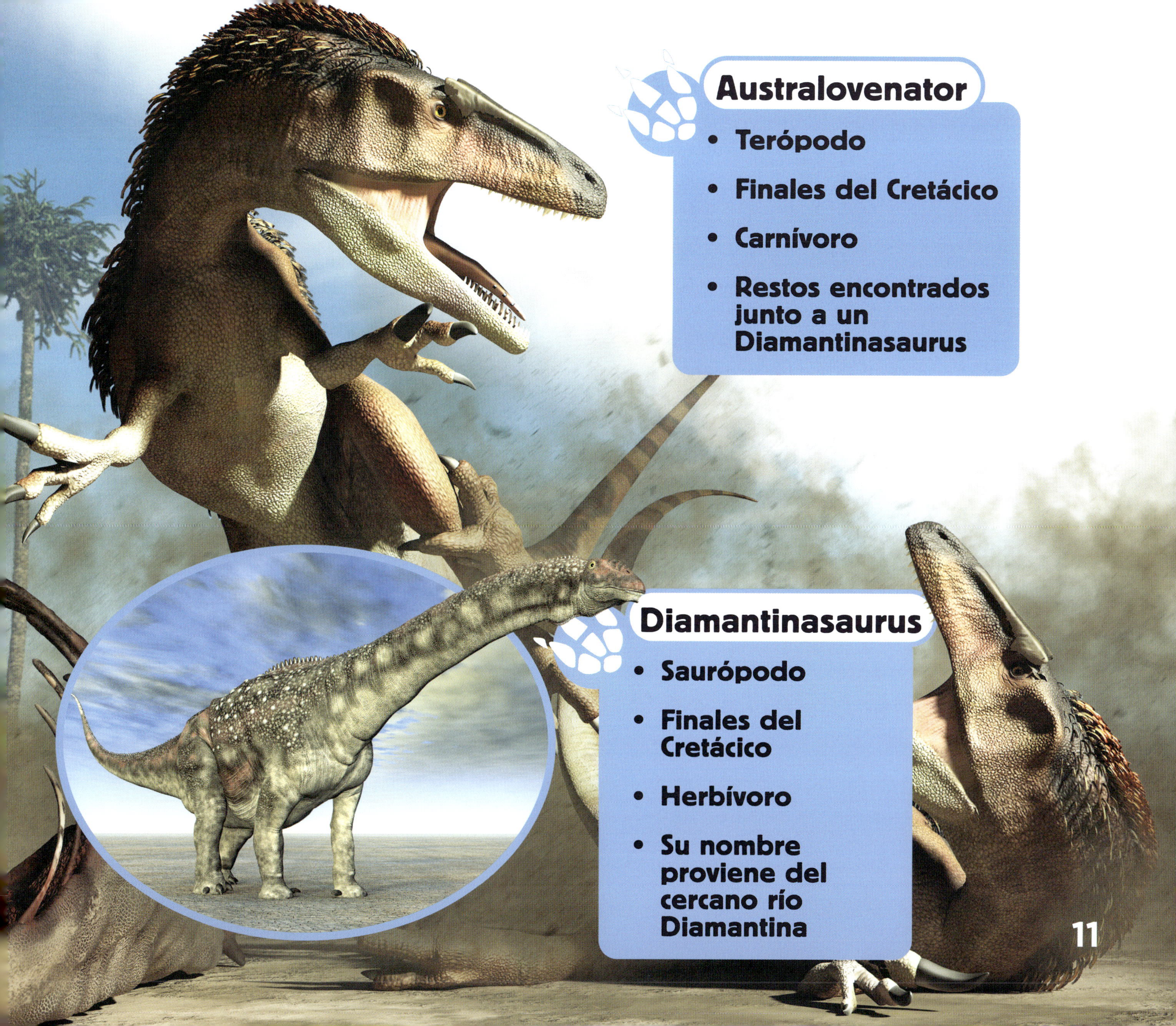

Australovenator

- Terópodo
- Finales del Cretácico
- Carnívoro
- Restos encontrados junto a un Diamantinasaurus

Diamantinasaurus

- Saurópodo
- Finales del Cretácico
- Herbívoro
- Su nombre proviene del cercano río Diamantina

Restos de Australotitan se encontraron en esta formación en el año 2005. ¡Es la **especie** de dinosaurio más grande que se ha descubierto en Australia!

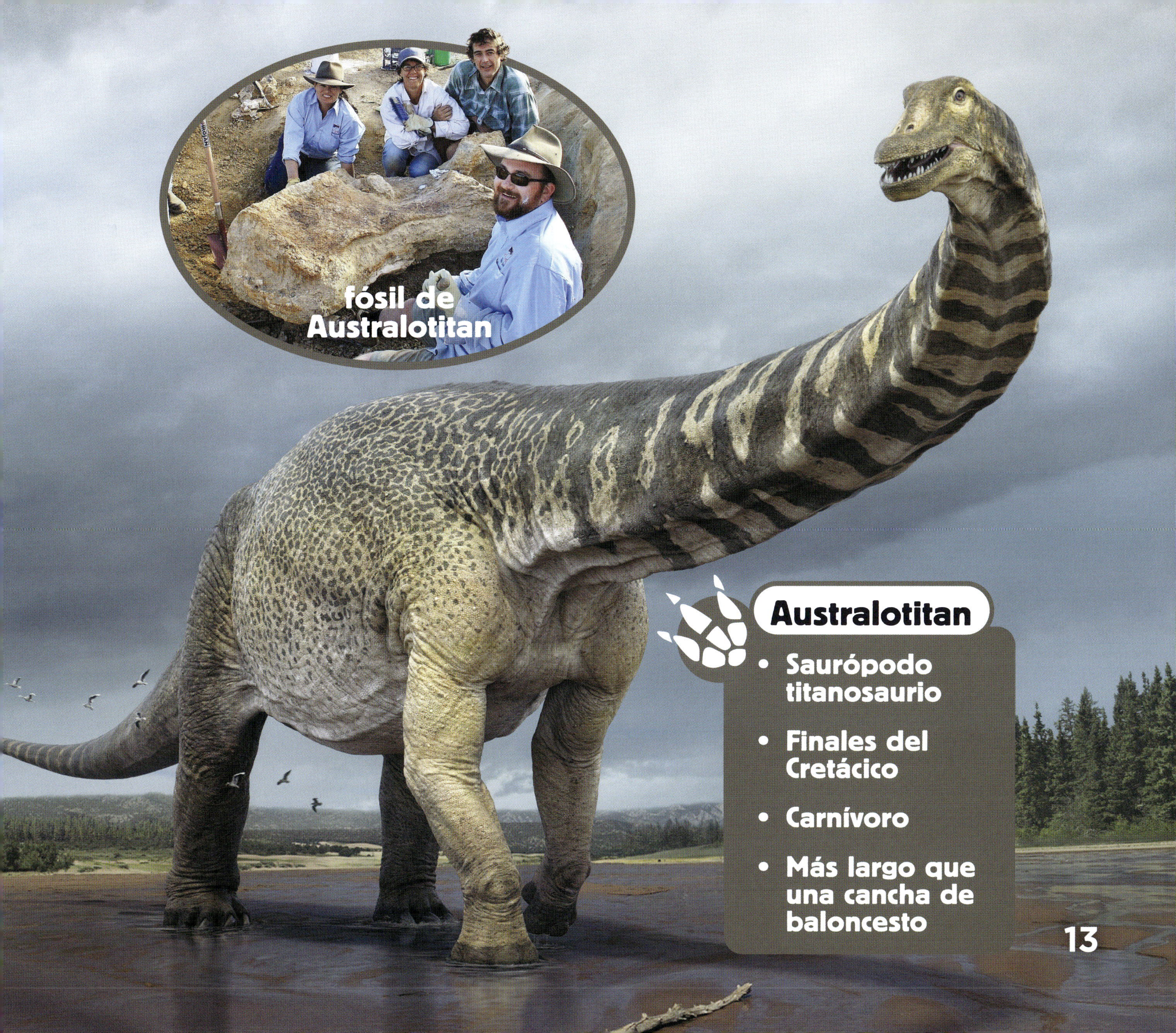

Australotitan

- Saurópodo titanosaurio
- Finales del Cretácico
- Carnívoro
- Más largo que una cancha de baloncesto

Formación Toolebuc

Se han encontrado restos de Plesiosaurus en la formación Toolebuc en Queensland. Los Plesiosaursus no fueron dinosaurios. Fueron **reptiles** nadadores.

Kronosaurus

- Plesiosaurio
- Principios del Cretácico
- Carnívoro
- El doble de largo que un tiburón blanco

Formación Bungil

En unas pocas formaciones de Queensland se han encontrado restos de Minmi. El primero se encontró en la formación Bungil.

Minmi

- Anquilosáurido
- Principios del Cretácico
- Herbívoro
- Más pequeño que un coche
- Con un peso similar al de un oso gris

fósil de Minmi

Formación Eumeralla

En Victoria, Australia se encuentra *Dinosaur Cove*. Esta cala es parte de la formación Eumeralla. Formada de una roca muy dura. Para sacar fósiles usan equipos especializados en excavación.

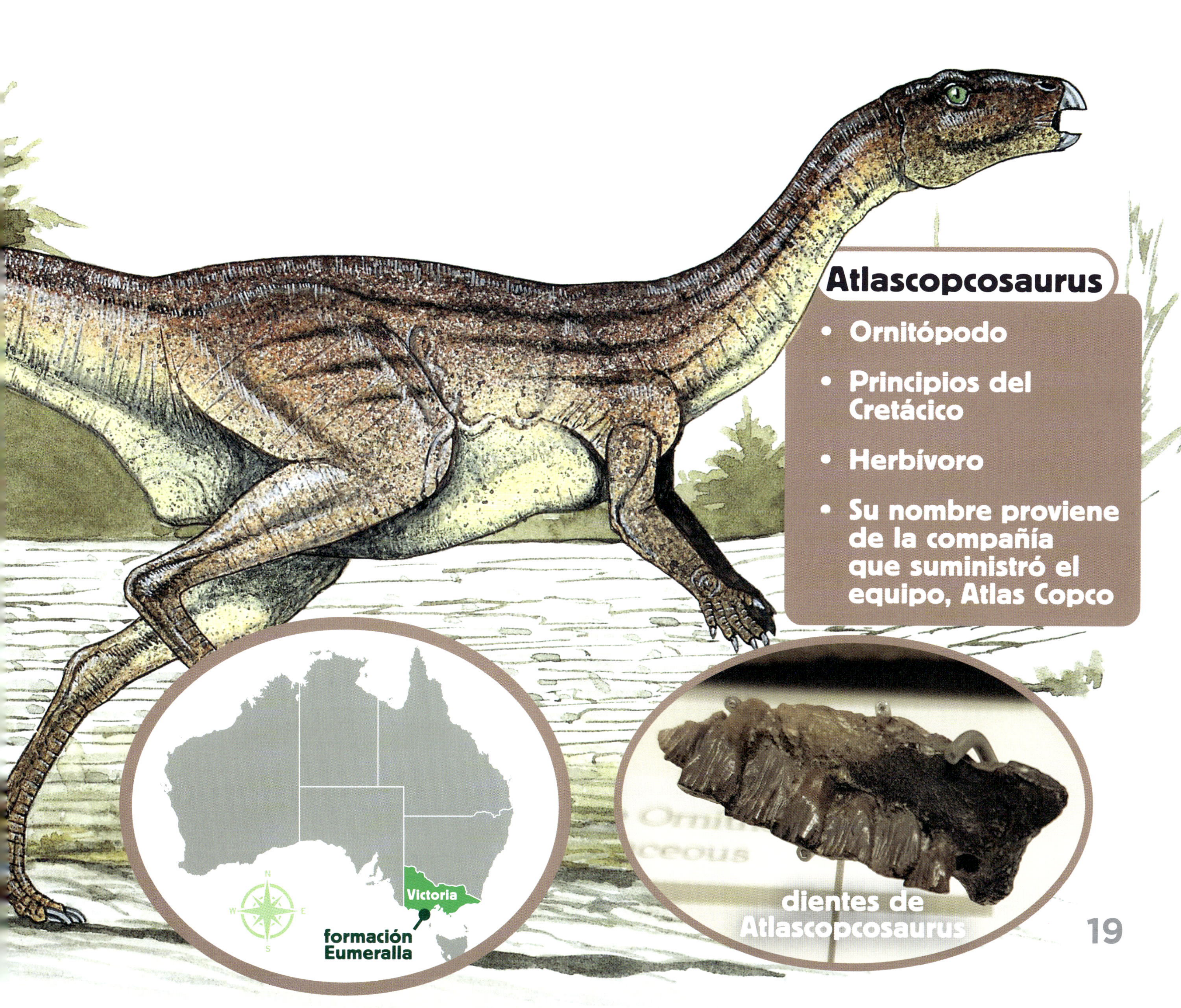

dientes de Atlascopcosaurus

Atlascopcosaurus

- Ornitópodo
- Principios del Cretácico
- Herbívoro
- Su nombre proviene de la compañía que suministró el equipo, Atlas Copco

Se han encontrado muchas **especies** únicas en *Dinosaur Cove*. ¡Es solo cuestión de tiempo que se desentierren más!

Timimus

- Terópodo
- Principios del Cretácico
- Carnívoro
- El fémur de un Timimus es uno de los fósiles más grandes hallados en Victoria

Leaellynasaura

- Ornitópodo
- Principios del Cretácico
- Herbívoro
- Con grandes ojos para ver por la noche
- Podría haber tenido plumas

Grupos principales de dinosaurios

Anquilosáuridos
- Cuadrúpedos
- Herbívoros
- Fuertemente acorazados
- Cuerpo con forma de tanque
- Algunos con cola de garrote

Ceratópsidos
- Cuadrúpedos
- Herbívoros
- Cuernos largos
- Picos puntiagudos
- De constitución fuerte
- Con enormes cráneos

Ornitisquios

Ornitópodos
- Bípedos
- Herbívoros
- Con pico
- Con muelas

Estegosáurido
- Cuadrúpedos
- Herbívoros
- Con cabeza pequeña
- Con placas óseas pesadas y púas en la columna y la cola

Saurisquios

Saurópodos
- Cuadrúpedos
- Herbívoros
- Muy grandes
- Con cuello y cola largas
- Cabeza pequeña

Terópodos
- Bípedos
- Carnívoros y omnívoros
- Variedad en tamaño: De pequeños y frágiles a muy grandes
- Con brazos cortos

Glosario

carnívoro – animal que se alimenta de otros animales.

cazar – atrapar a otro animal para alimentarse.

especie – grupo específico de organismos vivos, con similitudes y capacidad de reproducirse entre ellos y no con otros grupos.

formación rocosa – conjunto importante de rocas con unas características físicas que lo diferencian de otras formaciones cercanas.

herbívoro – animal que se alimenta únicamente de plantas.

omnívoro – animal que se alimenta de plantas y de otros animales.

reptil – animal de sangre fría, con esqueleto interno y escamas secas o placas duras en la piel. Algunos viven en el agua, pero respiran con los pulmones el aire que toman por la nariz.

Índice

Atlascopcosaurus 19

Australotitan 12, 13

Australovenator 11

Diamantinasaurus 11

Kronosaurus 15

Leaellynasaura 21

Minmi 16, 17

Muttaburrasaurus 9

Plesiosaur 14, 15

Queensland 8, 10, 12, 14, 16

Timimus 21

Victoria 18, 20

¡Visita nuestra página **abdokids.com** para tener acceso a juegos, manualidades, videos y mucho más!

Los recursos de internet están en inglés.

Usa este código Abdo Kids

DDK9469

¡o escanea este código QR!